AF205793

Impressum
Verlag: BABADADA GmbH, Nedderfeld 112 , 22529 Hamburg
Geschäftsführer / Verlagsleitung: Harald Hof
Druck: Books on Demand GmbH, In de Tarpen 42, 22848 Norderstedt

Imprint
Publisher: BABADADA GmbH, Nedderfeld 112 , 22529 Hamburg, Germany
Managing Director / Publishing direction: Harald Hof
Print: Books on Demand GmbH, In de Tarpen 42, 22848 Norderstedt

iskola
l'école

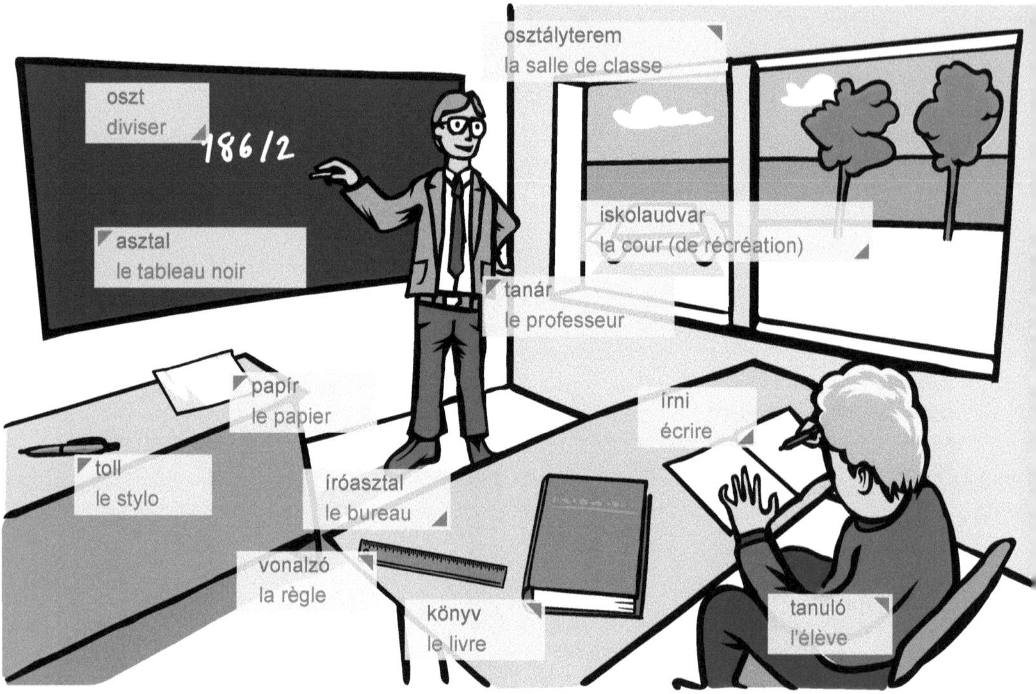
osztályterem
la salle de classe
oszt
diviser
186/2
iskolaudvar
la cour (de récréation)
asztal
le tableau noir
tanár
le professeur
papír
le papier
írni
écrire
toll
le stylo
íróasztal
le bureau
vonalzó
la règle
könyv
le livre
tanuló
l'élève

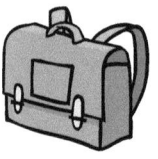

iskolatáska
le cartable

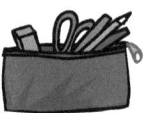

tolltartó
la trousse

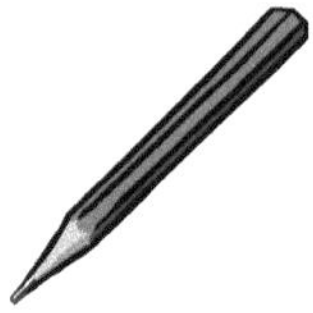

ceruza
le crayon

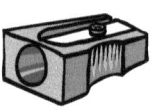

ceruzahegyező
le taille-crayon

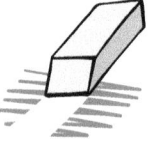

radír
la gomme

rajzfüzet
le carnet à dessin

rajz

le dessin

ecset

le pinceau

festőkészlet

la boîte de peinture

olló

les ciseaux

ragasztó

la colle

munkafüzet

le cahier d'exercices

házi feladat

les devoirs

szám

le chiffre

2+2

összead

additionner

kivon

soustraire

szoroz

multiplier

számol

calculer

betű

la lettre

ABCDEFG
HIJKLMN
OPQRSTU
VWXYZ

ABC

l'alphabet

szó

le mot

szöveg
le texte

olvasni
lire

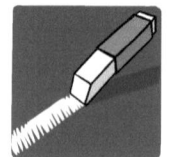

kréta
la craie

tanóra
la leçon

napló
le livre de classe

vizsga
l'examen

bizonyítvány
le certificat

iskolai egyenruha
l'uniforme scolaire

oktatás
la formation

enciklopédia
le lexique

egyetem
l'université

mikroszkóp
le microscope

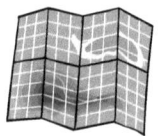

térkép
la carte

papír-hulladék gyűjtő
la corbeille à papier

utazás
le voyage

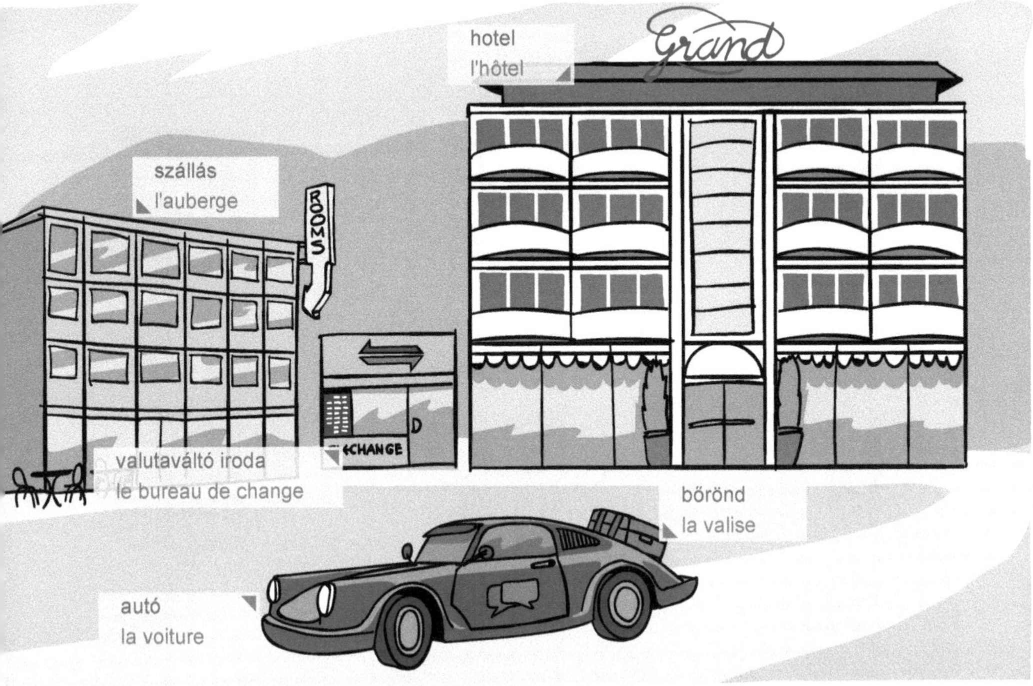
hotel
l'hôtel
Grand
szállás
l'auberge
ROOMS
valutaváltó iroda
le bureau de change
CHANGE
bőrönd
la valise
autó
la voiture

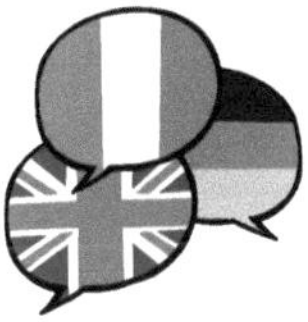

nyelv
la langue

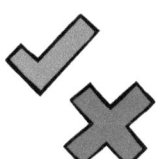

igen/nem
oui / non

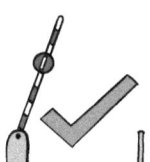

rendben
d'accord

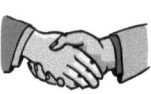

szia
Salut

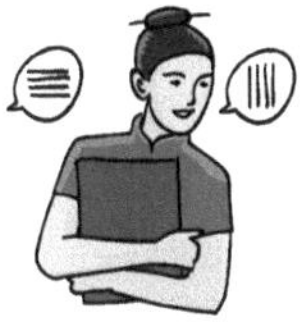

fordító
l'interprète

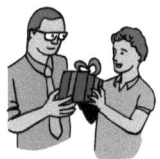

köszönöm
merci

mennyibe kerül...?

Combien coûte...?

nem értem

Je ne comprends pas

probléma

le problème

Jó estét!

Bonsoir !

jó reggelt!

Bonjour !

jó éjszakát!

Bonne nuit !

viszontlátásra

Au revoir

útirány

la direction

poggyász

les bagages

táska

le sac

hátizsák

le sac-à-dos

vendég

l'hôte

szoba

la pièce

hálózsák

le sac de couchage

sátor

la tente

turista információ

l'office de tourisme

strand

la plage

hitelkártya

la carte de crédit

reggeli

le petit-déjeuner

ebéd

le déjeuner

vacsora

le dîner

jegy

le billet

lift

l'ascenseur

bélyeg

le timbre

határ

la frontière

vám

la douane

nagykövetség

l'ambassade

vízum

le visa

útlevél

le passeport

közlekedés

le transport

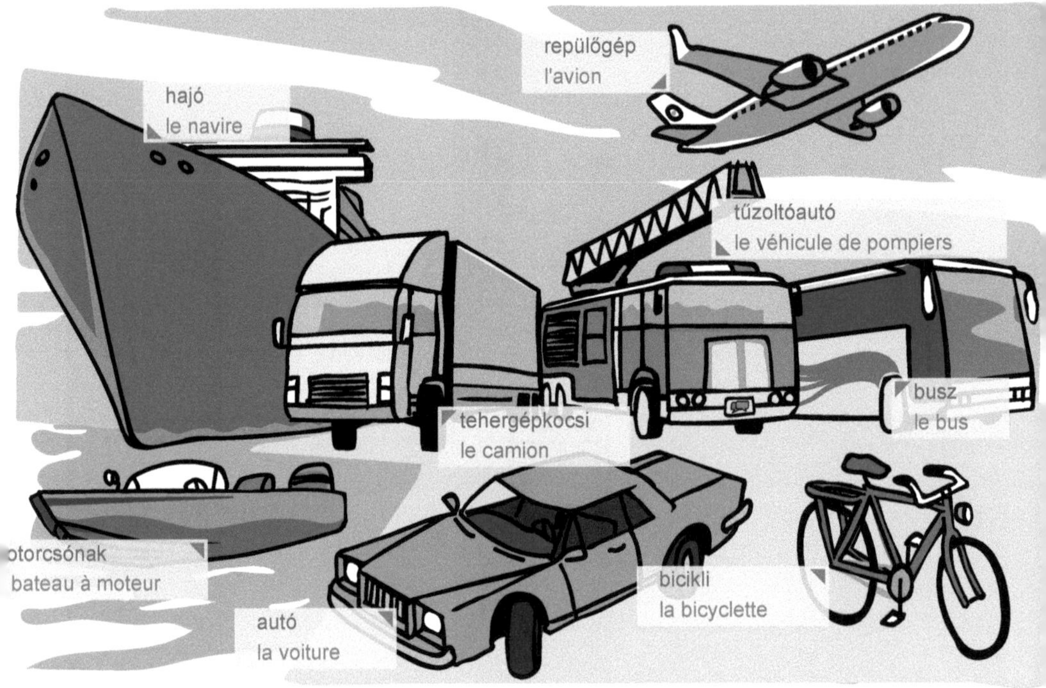

repülőgép
l'avion
hajó
le navire
tűzoltóautó
le véhicule de pompiers
busz
le bus
tehergépkocsi
le camion
otorcsónak
bateau à moteur
bicikli
la bicyclette
autó
la voiture

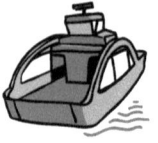

komp

le ferry

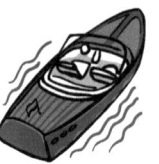

csónak

la barque

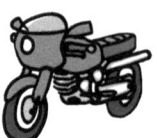

motorkerékpár

la moto

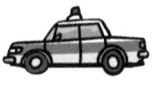

rendőrautó

la voiture de police

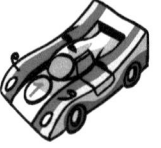

versenyautó

la voiture de course

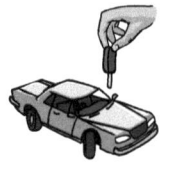

bérautó

la voiture de location

telekocsi

l'auto-partage

vontató

la voiture de remorquage

szemetes autó

la benne à ordures

motor

le moteur

üzemanyag

l'essence

benzinkút

la station d'essence

közlekedési tábla

le panneau indicateur

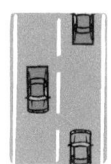

forgalom

le trafic

forgalmi dugó

l'embouteillage

parkoló

le parking

vonatállomás

la garc

sínek

les rails

vonat

le train

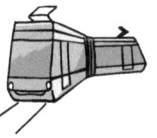

villamos

le tramway

vagon

le wagon

helikopter

l'hélicoptère

repülőtér

l'aéroport

torony

la tour

utas

le passager

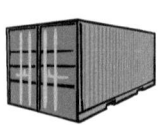

konténer

le conteneur

kartondoboz

le carton

taliga

le chariot

kosár

la corbeille

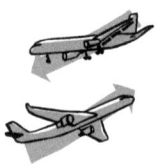

felszáll / leszáll

décoller / atterrir

város

la ville

falu

le village

városközpont

le centre-ville

ház

la maison

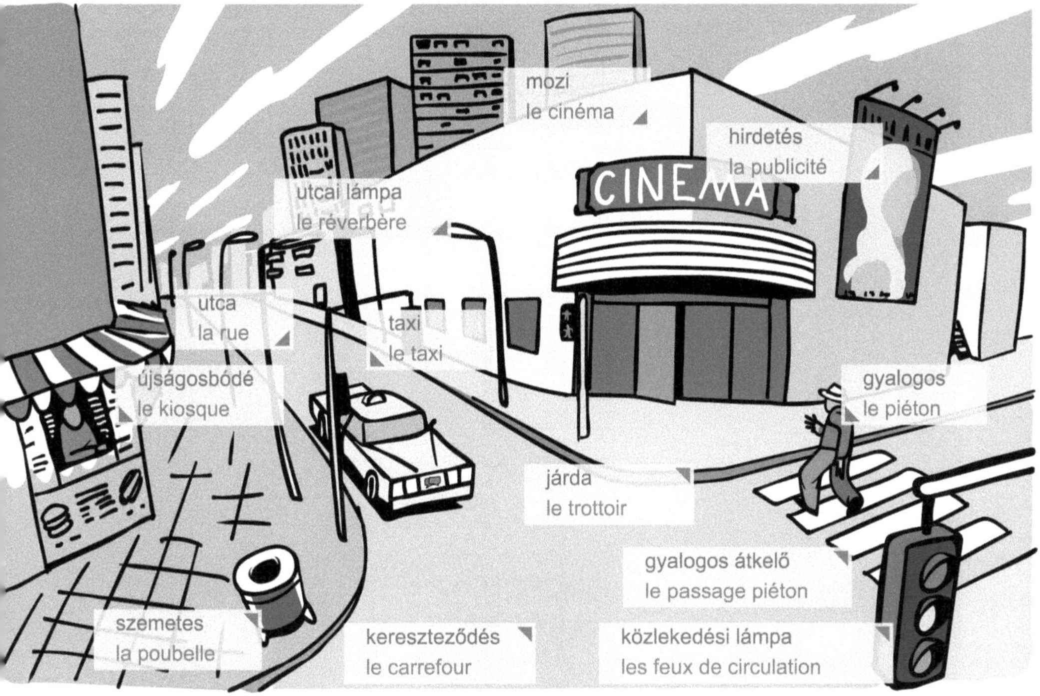

mozi
le cinéma

hirdetés
la publicité

utcai lámpa
le réverbère

CINEMA

utca
la rue

taxi
le taxi

gyalogos
le piéton

újságosbódé
le kiosque

járda
le trottoir

gyalogos átkelő
le passage piéton

szemetes
la poubelle

kereszteződés
le carrefour

közlekedési lámpa
les feux de circulation

kunyhó
la cabane

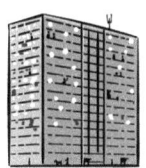

lakás
l'appartement

vonatállomás
la gare

városháza
la mairie

múzeum
le musée

iskola
l'école

egyetem

l'université

bank

la banque

kórház

l'hôpital

hotel

l'hôtel

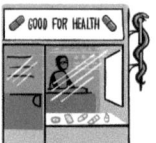

gyógyszertár

la pharmacie

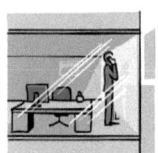

iroda

le bureau

könyvesbolt

la librairie

üzlet

le magasin

virágüzlet

le fleuriste

szupermarket

le supermarché

piac

le marché

áruház

le grand magasin

halárus

la poissonnerie

bevásárló központ

le centre commercial

kikötő

le port

park

le parc

pad

la banque

híd

le pont

lépcső

les escaliers

metró

le métro

alagút

le tunnel

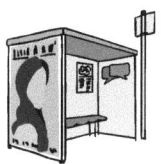

buszmegálló

l'arrêt de bus

bár

le bar

étterem

le restaurant

postaláda

la boîte à lettres

utcatábla

le panneau indicateur

parkoló óra

le parcmètre

állatkert

le zoo

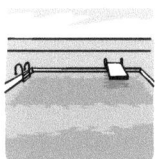

uszoda

le réverbère

mecset

la mosquée

gazdálkodás

la ferme

környezetszennyezés

la pollution

temető

la cimetière

templom

l'église

játszótér

l'aire de jeux

szentély

le temple

táj

le paysage

levél
la feuille

útjelző tábla
le panneau indicateur

út
le chemin

rét
le pré

kő
la pierre

fa
l'arbre

túrázó
le randonneur

folyó
la rivière

fű
l'herbe

virág
la fleur

völgy

la vallée

domb

la montagne

tó

le lac

erdő

la forêt

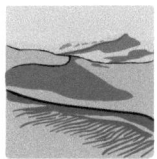

sivatag

le désert

vulkán

le volcan

kastély

le château

szivárvány

l'arc-en-ciel

gomba

le champignon

pálmafa

le palmier

szúnyog

le moustique

légy

la mouche

hangya

les fourmis

méhecske

l'abeille

pók

l'araignée

bogár

le coléoptère

béka

la grenouille

mókus

l'écureuil

sündisznó

le hérisson

nyúl

le lièvre

bagoly

la chouette

madár

l'oiseau

hattyú

le cygne

vaddisznó

le sanglier

szarvas

le cerf

rénszarvas

l'élan

gát

le barrage

szélturbina

l'éolienne

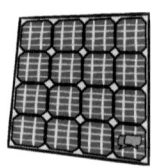

napelem

le panneau solaire

éghajlat

le climat

étterem
le restaurant

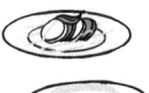

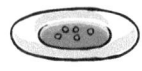

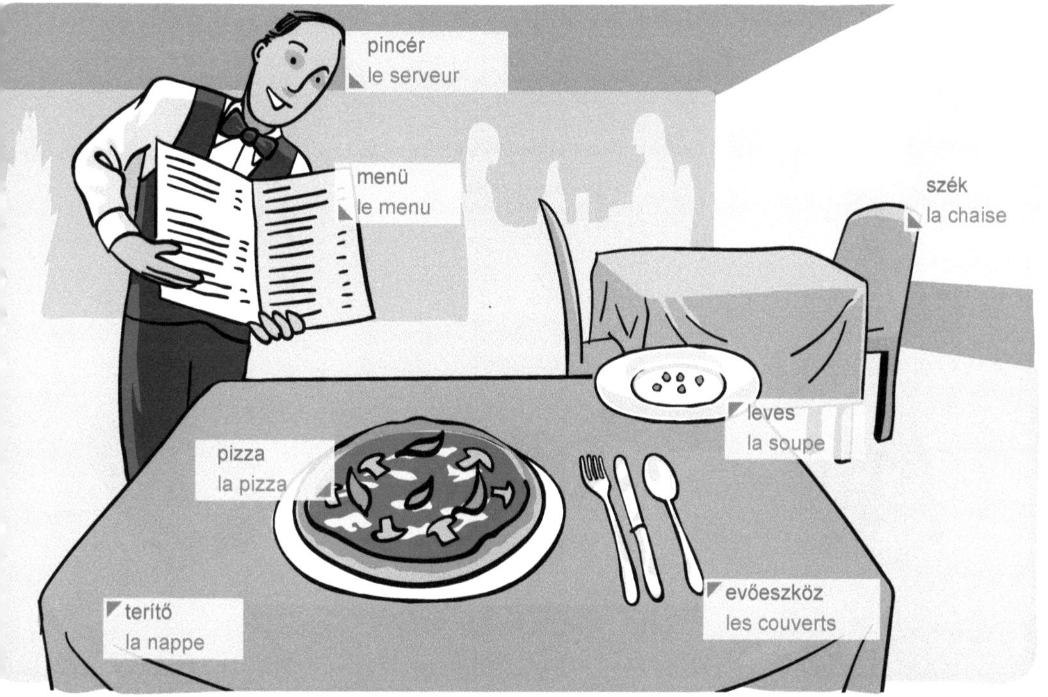
pincér
le serveur
menü
le menu
szék
la chaise
leves
la soupe
pizza
la pizza
evőeszköz
les couverts
terítő
la nappe

elöétel

les hors d'œuvre

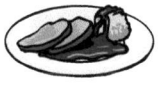

főétel

le plat principal

desszert

le dessert

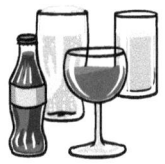

italok

les boissons

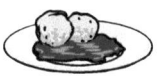

étel

l'alimentation

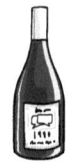

üveg

la bouteille

gyorsétel

le fast-food

gyorsétel

les plats à emporter

teás kanna

la théière

cukortartó

le sucrier

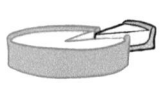

adag

la portion

eszpresszógép

la machine à expresso

bárszék

la chaise haute

számla

la facture

tálca

le plateau

kés

le couteau

villa

la fourchette

kanál

la cuillère

teáskanál

la cuillère à thé

szalvéta

la serviette

pohár

le verre

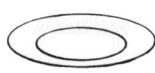

tányér

l'assiette

leveses tányér

l'assiette à soupe

csészealj

la soucoupe

szósz

la sauce

sószóró

la salière

borsőrlő

le moulin à poivre

ecet

le vinaigre

étkezési olaj

l'huile

fűszerek

les épices

ketchup

le ketchup

mustár

la moutarde

majonéz

la mayonnaise

szupermarket
le supermarché

különleges ajánlat
l'offre promotionnelle
FOR
ügyfél
le client
tejtermék
les produits laitiers
gyümölcsök
les fruits
bevásárló kocsi
le chariot

BUTCHERS

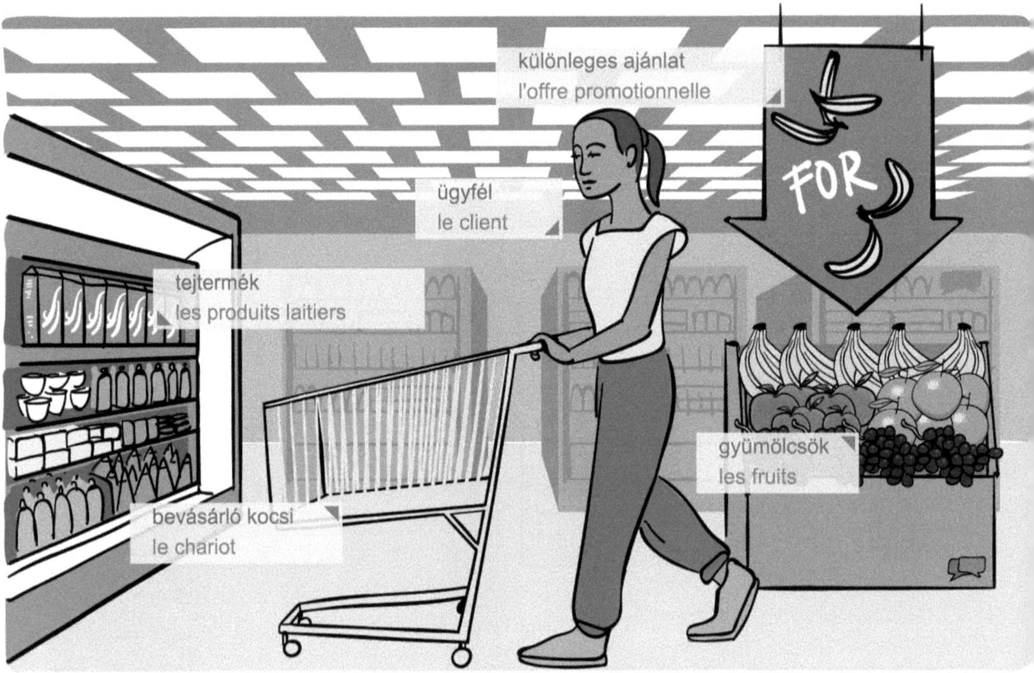

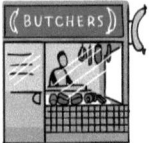

hentes

la boucherie

BAKERY

pékség

la boulangerie

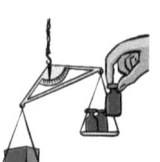

nyom valamennyit

peser

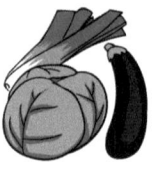

zöldség

les légumes

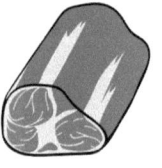

hús

la viande

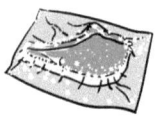

fagyasztott áru

les aliments surgelés

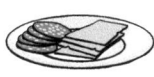

felvágott

la charcuterie

konzerv

les conserves

mosópor

la poudre à lessive

édességek

les bonbons

háztartási termék

les articles ménagers

tisztítószerek

les détergents

eladó

la vendeuse

pénztárgép

la caisse

eladó

le caissier

bevásárló lista

la liste d'achats

nyitva tartás

les heures d'ouverture

levéltárca

le portefeuille

hitelkártya

la carte de crédit

zacskó

le sac

műanyag zacskó

le sac en plastique

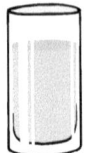

víz

l'eau

gyümölcslé

le jus de fruit

tej

le lait

kóla

le coca

bor

le vin

sör

la bière

alkohol

l'alcool

kakaó

le chocolat chaud

tea

le thé

kávé

le café

eszpresszó

l'expresso

kapucsínó

le cappuccino

banán

la banane

alma

la pomme

narancs

l'orange

sárgadinnye

le melon

citrom

le citron.

sárgarépa

la carotte

fokhagyma

l'ail

bambusz

le bambou

hagyma

l'oignon

gomba

le champignon

magvak

les noisettes

nokedli

les pâtes

spagetti

les spaghetti

rizs

le riz

saláta

la salade

sült krumpli

les pommes frites

sült burgonya

les pommes de terre rôties

pizza

la pizza

hamburger

le hamburger

szendvics

le sandwich

hússzelet

l'escalope

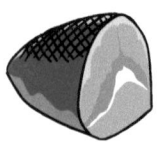

sonka

le jambon

szalámi

le salami

kolbász

la saucisse

csirke

le poulet

pecsenye

le rôti

hal

le poisson

étel - l'alimentation

zabkása

les flocons d'avoine

müzli

le muesli

kukoricapehely

les cornflakes

liszt

la farine

croissant

le croissant

zsemle

les petits-pains

kenyér

le pain

pirítós kenyér

le pain grillé

keksz

les biscuits

vaj

le beurre

túró

le fromage blanc

sütemény

le gâteau

tojás

l'œuf

tükörtojás

l'œuf au plat

sajt

le fromage

étel - l'alimentation

jégkrém

la glace

cukor

le sucre

méz

le miel

lekvár

la confiture

mogyorókrém

la crème nougat

curry

le curry

gazdálkodás
la ferme

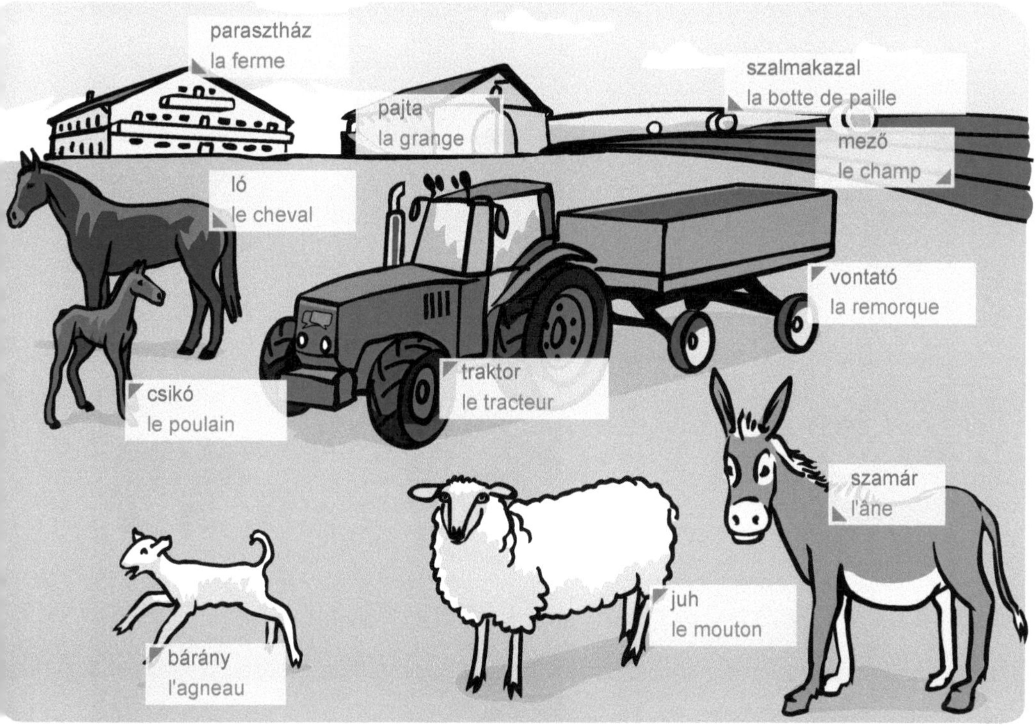
parasztház
la ferme
pajta
la grange
szalmakazal
la botte de paille
mező
le champ
ló
le cheval
vontató
la remorque
traktor
le tracteur
csikó
le poulain
szamár
l'âne
juh
le mouton
bárány
l'agneau

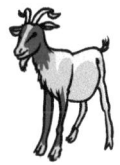

kecske

la chèvre

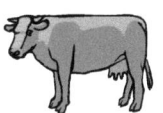

tehén

la vache

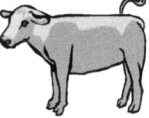

borjú

le veau

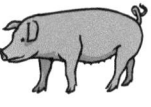

malac

le porc

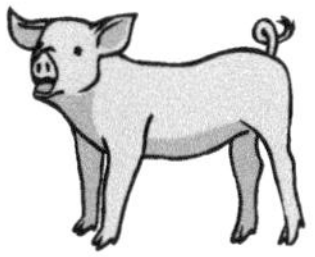
kismalac

le porcelet

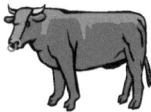

bika

le taureau

liba

l'oie

kacsa

le canard

csibe

le poussin

tojó

la poule

kakas

le coq

patkány

le rat

macska

le chat

egér

la souris

ökör

le bœuf

kutya

le chien

kutyaház

le chenil

kerti öntözőcső

le tuyau de jardin

öntözőkanna

l'arrosoir

kasza

la faucheuse

eke

la charrue

sarló

la faucille

kapa

la pioche

vasvilla

la fourche

fejsze

la hache

talicska

la brouette

teknő

la cuve

tejes kancsó

le pot à lait

zsák

le sac

kerítés

la clôture

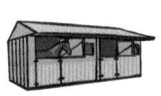

istálló

l'étable

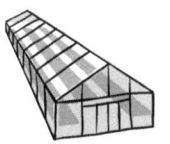

üvegház

le serre

talaj

le sol

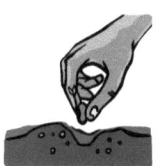

vetőmag

les semences

trágya

l'engrais

cséplőgép

la moissonneuse-batteuse

szüretelni

récolter

betakarítás

la récolte

yamgyökér

l'igname

búza

le blé

szója

le soja

burgonya

la pomme de terre

kukorica

le maïs

repcemag

le colza

gyümölcsfa

l'arbre fruitier

manióka

le manioc

gabona

les céréales

gazdálkodás - la ferme

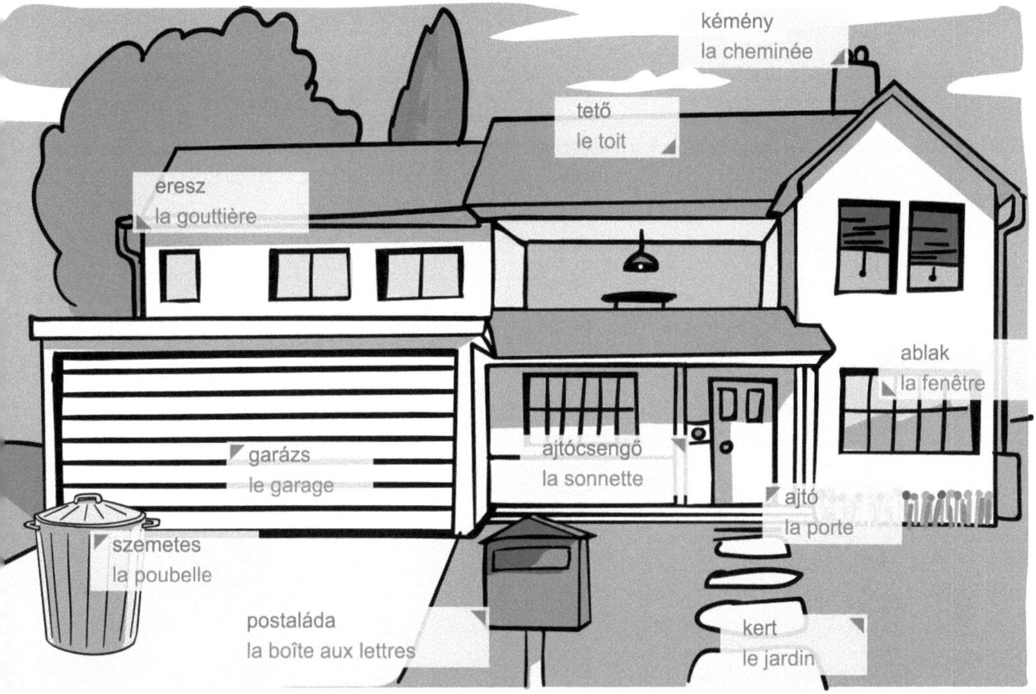

kémény
la cheminée

tető
le toit

eresz
la gouttière

garázs
le garage

ajtócsengő
la sonnette

ablak
la fenêtre

ajtó
la porte

szemetes
la poubelle

postaláda
la boîte aux lettres

kert
le jardin

nappali

le salon

fürdőszoba

la salle de bain

konyha

la cuisine

hálószoba

la chambre à coucher

gyerekszoba

la chambre d'enfant

ebédlő

la salle à manger

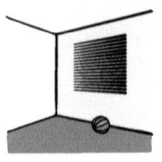

padló

le sol

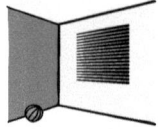

fal

le mur

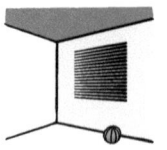

plafon

le plafond

pince

la cave

szauna

le sauna

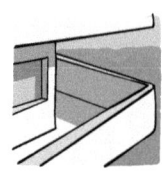

erkély

le balcon

terasz

la terrasse

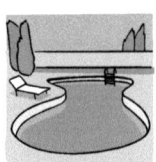

medence

la piscine

fűnyíró

la tondeuse à gazon

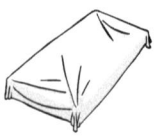

lepedő

la housse

ágytakaró

la couette

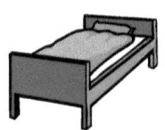

ágy

le lit

seprű

le balai

vödör

le sceau

kapcsoló

l'interrupteur

nappali
le salon

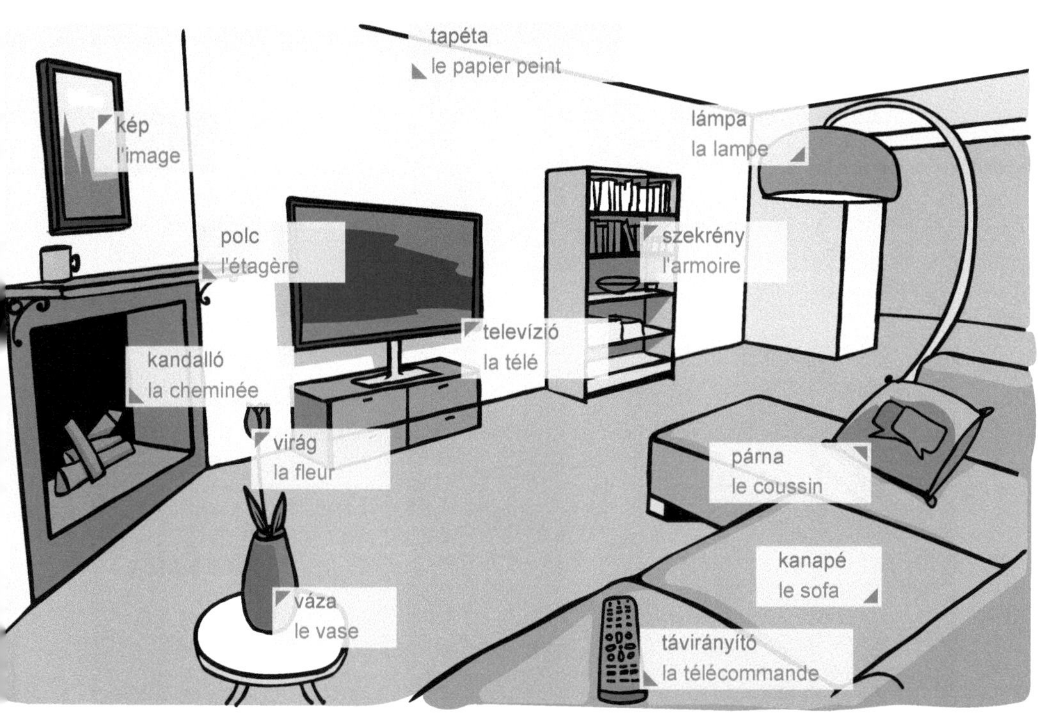

tapéta
le papier peint
kép
l'image
lámpa
la lampe
polc
l'étagère
szekrény
l'armoire
televízió
la télé
kandalló
la cheminée
virág
la fleur
párna
le coussin
kanapé
le sofa
váza
le vase
távirányító
la télécommande

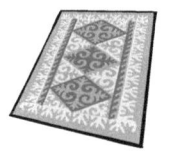

szőnyeg

le tapis

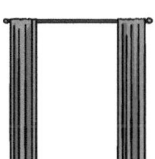

függöny

le rideau

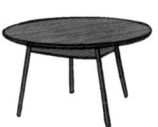

asztal

la table

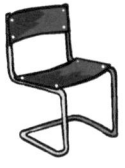

szék

la chaise

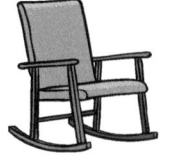

hintaszék

la chaise à bascule

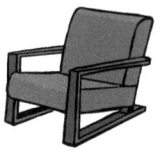

karosszék

le fauteuil

könyv

le livre

takaró

la couverture

dekoráció

la décoration

tűzifa

le bois de chauffage

film

le film

hifi

la chaîne hi-fi

kulcs

la clé

újság

le journal

festmény

la peinture

poszter

le poster

rádió

la radio

jegyzetfüzet

le bloc-notes

porszívó

l'aspirateur

kaktusz

le cactus

gyertya

la bougie

konyha
la cuisine

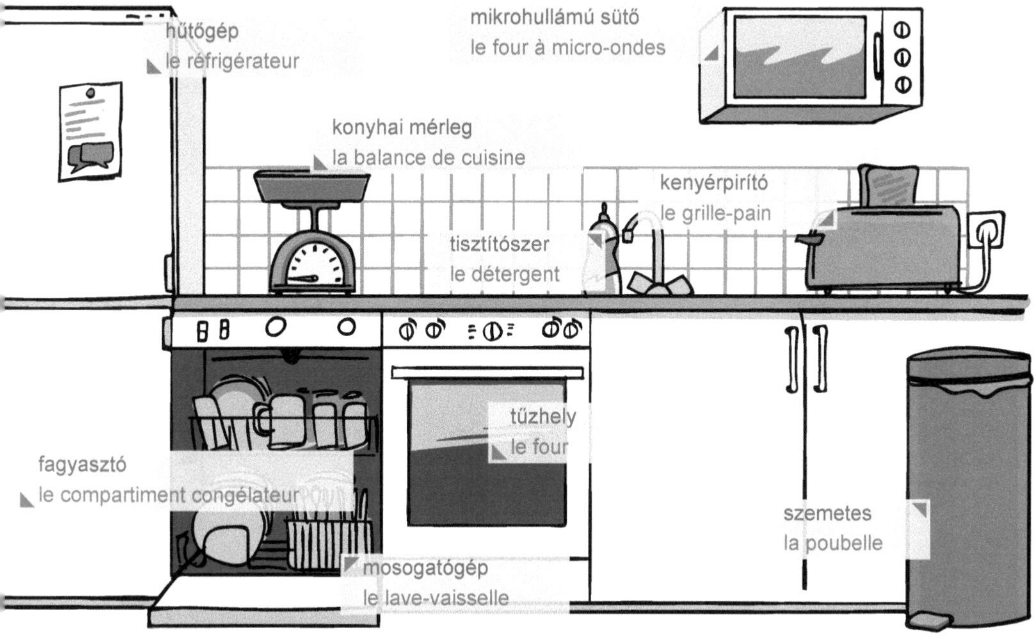
hűtőgép
le réfrigérateur
mikrohullámú sütő
le four à micro-ondes
konyhai mérleg
la balance de cuisine
kenyérpirító
le grille-pain
tisztítószer
le détergent
tűzhely
le four
fagyasztó
le compartiment congélateur
szemetes
la poubelle
mosogatógép
le lave-vaisselle

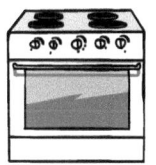

tűzhely
....
le four

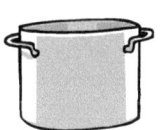

edény
....
la casserole

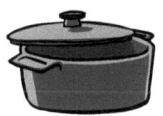

vasfazék
....
la marmite

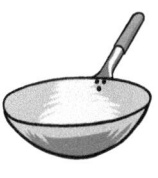

wok / kadai
....
le wok / kadai

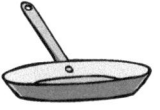

serpenyő
....
la poêle

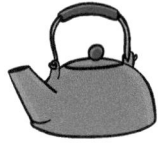

vízforraló
....
la bouilloire electrique

pároló

le cuiseur vapeur

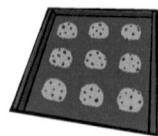

tepsi

la plaque de cuisson

étkészlet

la vaisselle

bögre

le gobelet

tálka

la coupe

evőpálcika

les baguettes

merőkanál

la louche

keverőlapátka

la spatule

habverő

le fouet

szűrő

la passoire

szita

le tamis

reszelő

la râpe

mozsár

le mortier

grillsütő

le barbecue

kandalló

la cheminée

vágódeszka

la planche à découper

sodrófa

le rouleau à pâtisserie

dugóhúzó

le tire-bouchon

doboz

la boîte

konzervnyitó

l'ouvre-boîte

edényfogó

les maniques

mosogató

le lavabo

kefe

la brosse

szivacs

l'éponge

turmixgép

le mixeur

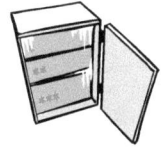

mélyhűtő

le congélateur

cumisüveg

le biberon

csap

le robinet

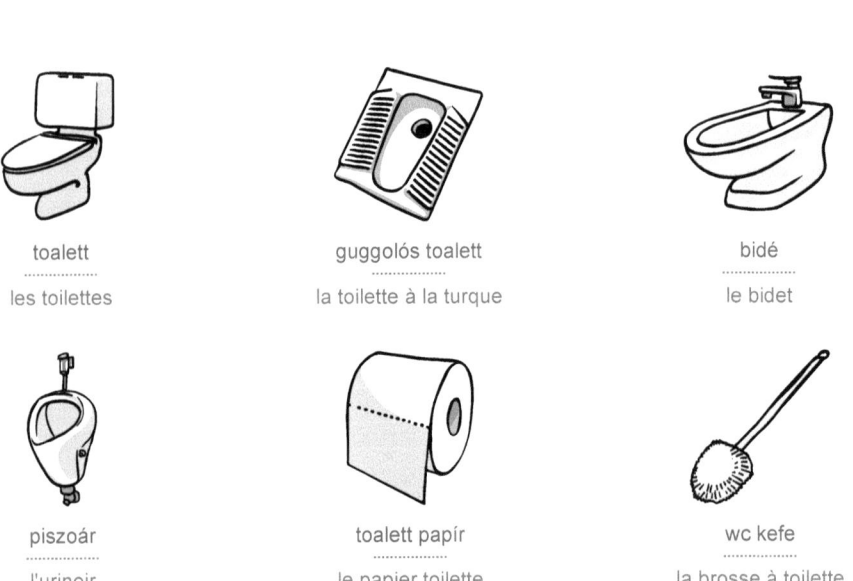

fürdőszoba
la salle de bain

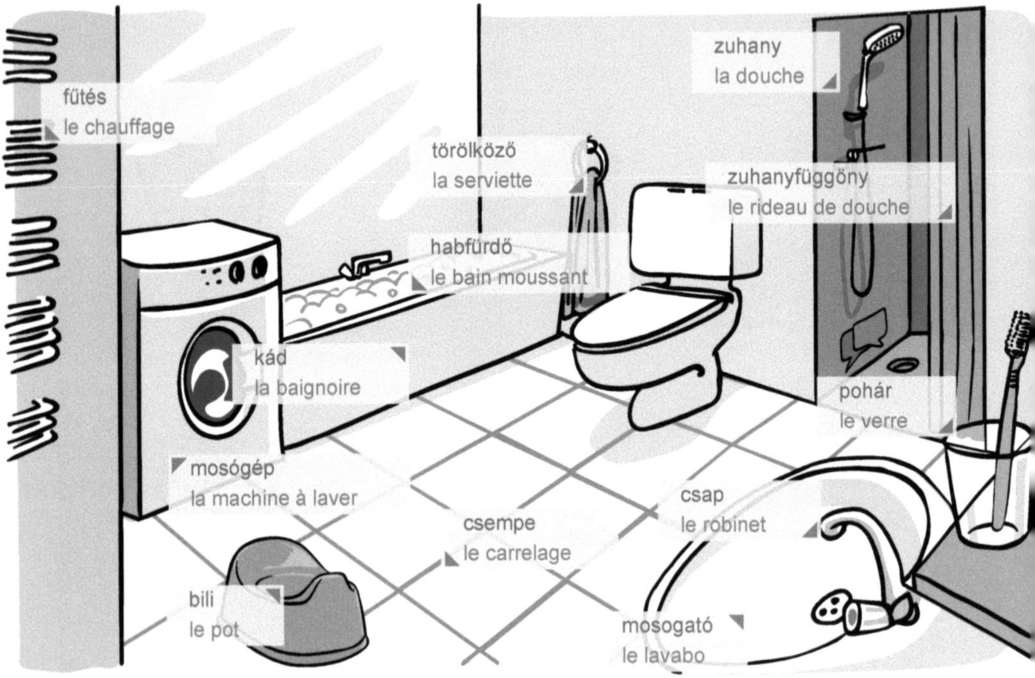
zuhany
la douche
fűtés
le chauffage
törölköző
la serviette
zuhanyfüggöny
le rideau de douche
habfürdő
le bain moussant
kád
la baignoire
pohár
le verre
mosógép
la machine à laver
csap
le robinet
csempe
le carrelage
bili
le pot
mosogató
le lavabo

toalett

les toilettes

guggolós toalett

la toilette à la turque

bidé

le bidet

piszoár

l'urinoir

toalett papír

le papier toilette

wc kefe

la brosse à toilette

fogkefe

la brosse à dents

fogkrém

le dentifrice

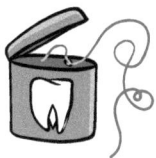

fogselyem

le fil dentaire

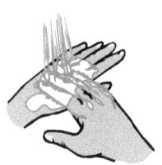

mosni

laver

kézi zuhany

la douche manuelle

intimzuhany

la douche intime

mosdótál

la vasque

hátmosó kefe

la brosse dorsale

szappan

le savon

tusfürdő

le gel douche

sampon

le shampooing

mosdókesztyű

le gant de toilette

lefolyó

l'écoulement

krém

la crème

dezodor

le déodorant

tükör

le miroir

kézitükör

le miroir cosmétique

borotva

le rasoir

borotvahab

la mousse à raser

borotválkozás utáni arcszesz

l'après-rasage

fésű

la peigne

hajkefe

la brosse

hajszárító

le sèche-cheveux

hajlakk

la laque pour cheveux

smink

le fond de teint

ajakrúzs

le rouge à lèvres

körömlakk

le vernis à ongles

vatta

l'ouate

körömvágó olló

le coupe-ongles

parfüm

le parfum

neszesszer

la trousse de toilette

sámli

le tabouret

mérleg

le pèse-personne

köntös

le peignoir

gumikesztyü

les gants de nettoyage

tampon

le tampon

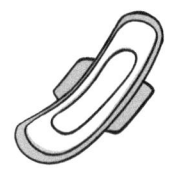

egészségügyi betét

les serviettes hygiéniques

vegyi WC

la toilette chimique

gyerekszoba
la chambre d'enfant

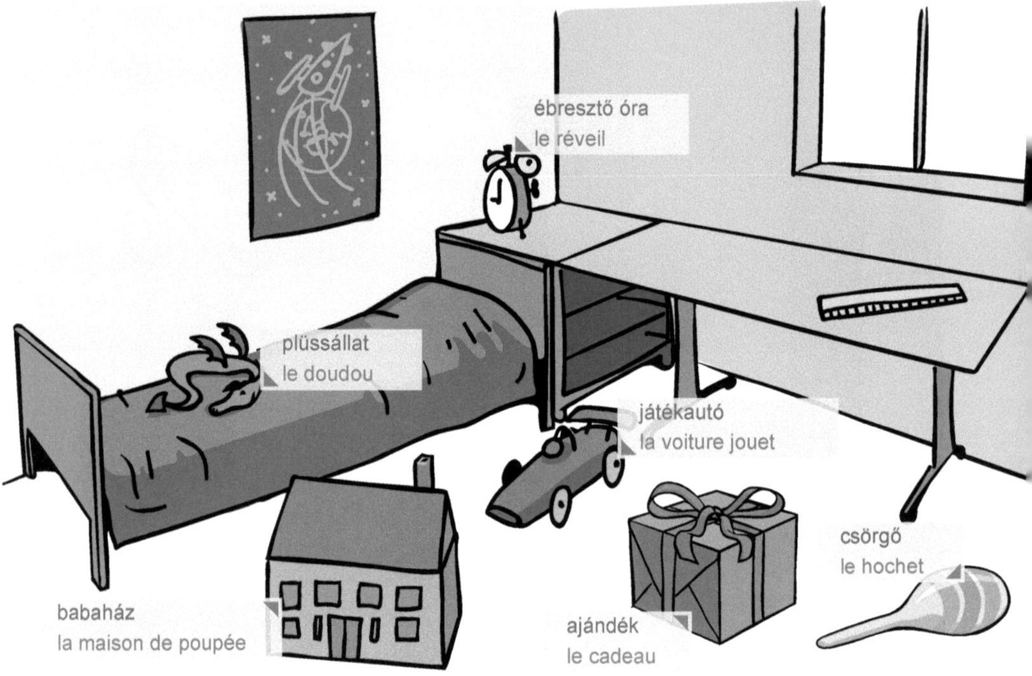
ébresztő óra
le réveil
plüssállat
le doudou
játékautó
la voiture jouet
csörgő
le hochet
babaház
la maison de poupée
ajándék
le cadeau

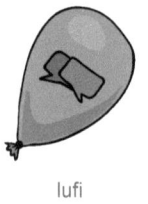

lufi
le ballon

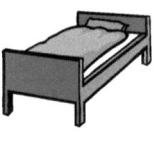

ágy
le lit

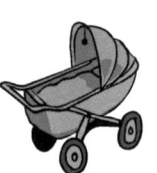

babakocsi
la poussette

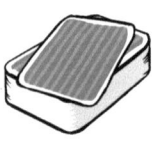

kártyapakli
le jeu de cartes

SUPER
MEGA

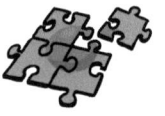

kirakós játék
le puzzle

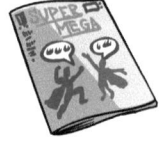

képregény
la bande dessinée

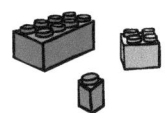

építőkockák

les pièces lego

építőelem

les blocs de construction

szuperhős

la figurine

rugdalózó

la grenouillère

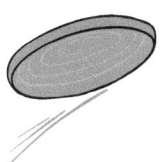

frizbi

le frisbee

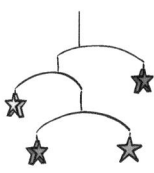

zenélő forgó

le mobile

társasjáték

le jeu de société

kocka

le dé

modellvasút

le train miniature

cumi

la sucette

zsúr

la fête

képeskönyv

le livre d'images

labda

la balle

baba

la poupée

játszani

jouer

homokozó

le bac à sable

hinta

la balançoire

játékok

les jouets

videójáték konzol

la console de jeu

tricikli

le tricycle

teddi maci

l'ours en peluche

ruhásszekrény

l'armoire

ruházat

les vêtements

zokni

les chaussettes

harisnya

les bas

harisnyanadrág

le collant

sál
l'écharpe

esernyő
le parapluie

póló
le t-shirt

öv
la ceinture

csizma
les bottes

papucs
les pantoufles

tornacipő
les baskets

szandál
les sandales

cipő
les chaussures

gumicsizma
les bottes de caoutchouc

alsónadrág
les sous-vêtements

melltartó
le soutien-gorge

mellény
le maillot de corps

body
le body

nadrág
le pantalon

farmer
le jean

szoknya
la jupe

blúz
le chemisier

ing
la chemise

pulóver
le pull

kapucnis pulóver
le sweat à capuche

blézer
la veste

dzseki
la veste

kabát
le manteau

esőkabát
l'imperméable

kosztüm
le costume

ruha
la robe

esküvői ruha
la robe de mariée

öltöny
le costume

hálóing
la chemise de nuit

pizsama
le pyjama

szári
le sari

fejkendő
le foulard

turbán
le turban

burka
la burqa

kaftán
le caftan

abaya
l'abaya

fürdőruha
le maillot de bain

fürdőnadrág
le maillot de bain

rövidnadrág
le short

tréningruha
la tenue d'entraînement

kötény
le tablier

kesztyű
les gants

gomb

le bouton

szemüveg

les lunettes

karkötő

le bracelet

nyaklánc

le collier

gyűrű

la bague

fülbevaló

la boucle d'oreille

sapka

le bonnet

vállfa

le cintre

kalap

le chapeau

nyakkendö

la cravate

cipzár

la fermeture éclair

bukósisak

le casque

nadrágtartó

les bretelles

iskolai egyenruha

l'uniforme scolaire

egyenruha

l'uniforme

elöke

le bavoir

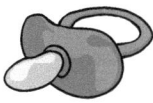

cumi

la sucette

pelenka

la lange

iroda
le bureau

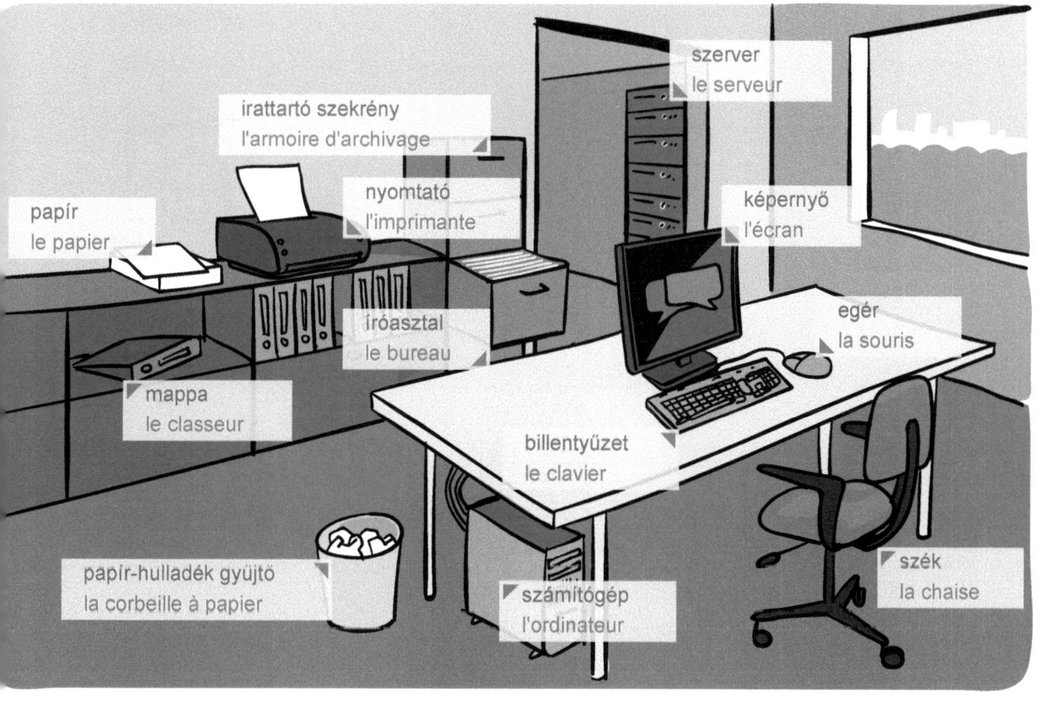

szerver
le serveur

irattartó szekrény
l'armoire d'archivage

nyomtató
l'imprimante

képernyő
l'écran

papír
le papier

íróasztal
le bureau

egér
la souris

mappa
le classeur

billentyűzet
le clavier

papír-hulladék gyüjtö
la corbeille à papier

szék
la chaise

számítógép
l'ordinateur

kávéscsésze

la tasse de café

számológép

la calculatrice

internet

l'internet

laptop

l'ordinateur portable

levél

la lettre

üzenet

le message

mobiltelefon

le portable

hálózat

le réseau

fénymásoló

la photocopieuse

szoftver

le logiciel

telefon

le téléphone

konnektor

la prise

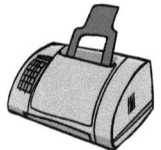

faxgép

le fax

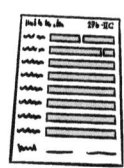

formanyomtatvány

le formulaire

dokumentum

le document

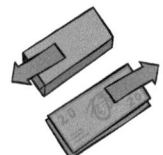

venni

acheter

fizetni

payer

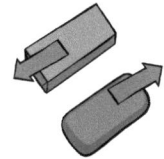

kereskedni

faire du commerce

pénz

la monnaie

dollár

le dollar

euró

l'euro

jen

le yen

rubel

le rouble

svájci frank

le franc suisse

kínai jüan

le renminbi yuan

rúpia

la roupie

bankautomata

le distributeur automatique

valutaváltó iroda

le bureau de change

arany

l'or

ezüst

l'argent

olaj

le pétrole

energia

l'énergie

ár

le prix

szerződés

le contrat

adó

la taxe

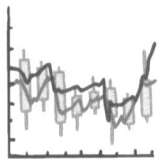

részvény

l'action

dolgozni

travailler

munkavállaló

l'employé

munkaadó

l'employeur

gyár

l'usine

üzlet

le magasin

gazdaság - l'économie

foglalkozások
les professions

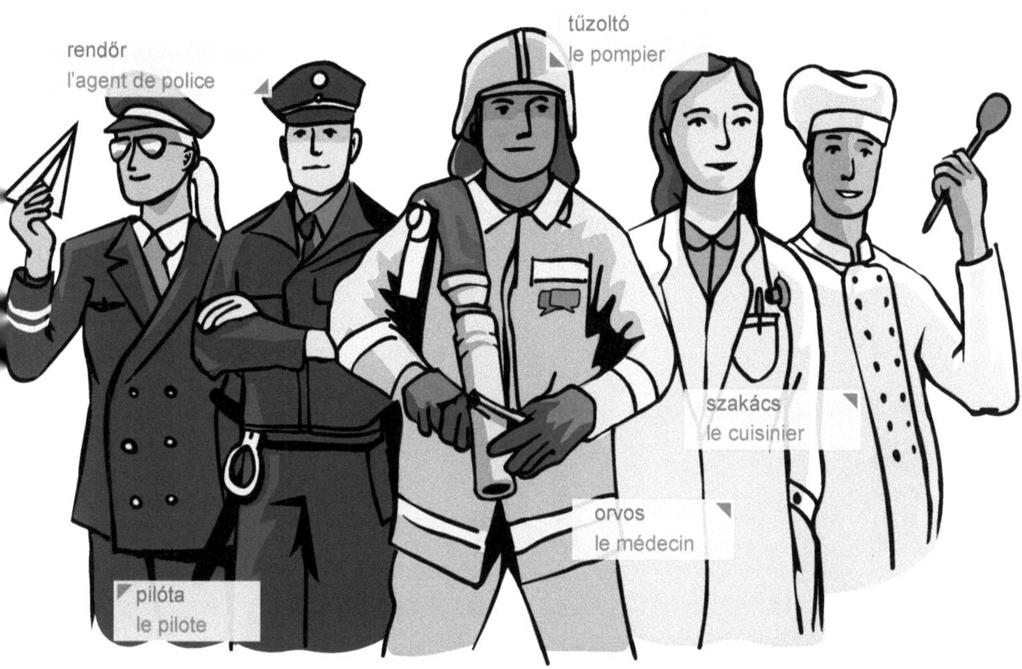

rendőr
l'agent de police
tűzoltó
le pompier
szakács
le cuisinier
orvos
le médecin
pilóta
le pilote

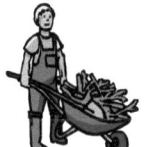

kertész

le jardinier

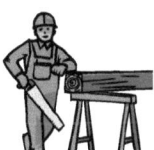

kárpitos

le menuisier

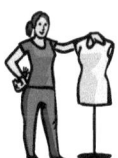

varrónő

la couturière

bíró

le juge

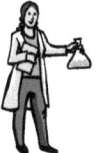

vegyész

le chimiste

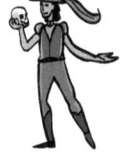

színész

l'acteur

buszsofőr

le conducteur de bus

taxisofőr

le chauffeur de taxi

halász

le pêcheur

bejárónő

la femme de ménage

tetőfedő

le couvreur

pincér

le serveur

vadász

le chasseur

festő

le peintre

pék

le boulanger

villanyszerelő

l'électricien

építőmunkás

l'ouvrier

mérnök

l'ingénieur

hentes

le boucher

vízvezeték-szerelő

le plombier

postás

le facteur

katona

le soldat

építész

l'architecte

eladó

le caissier

virágos

le fleuriste

fodrász

le coiffeur

kalauz

le contrôleur

műszerész

le mécanicien

kapitány

le capitaine

fogorvos

le dentiste

tudós

le scientifique

rabbi

le rabbin

imám

l'imam

szerzetes

le moine

lelkész

le prêtre

szerszámok

les outils

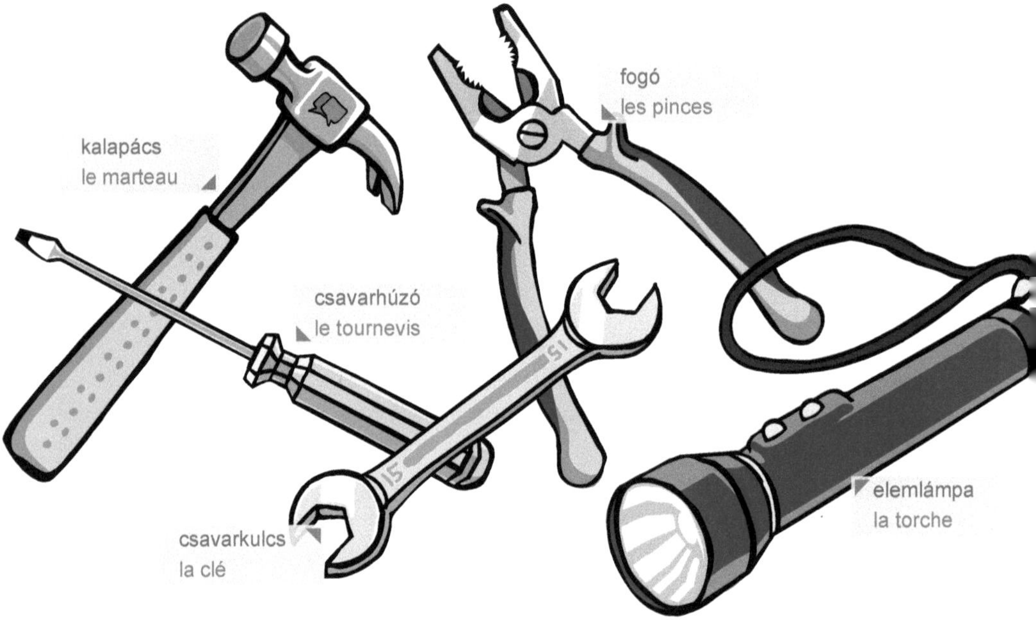

kalapács
le marteau
fogó
les pinces
csavarhúzó
le tournevis
csavarkulcs
la clé
elemlámpa
la torche

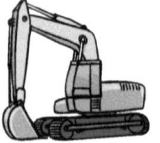

markológép

la pelleteuse

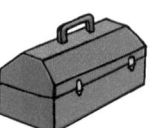

szerszámosláda

la boîte à outils

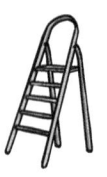

vödör

l'échelle

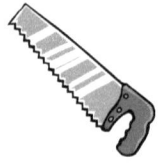

fűrész

la scie

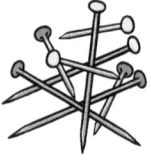

szög

les clous

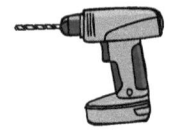

fúrógép

la perceuse

megjavítani

réparer

lapát

la pelle

A francba!

Mince !

szemétlapát

la pelle

festékesdoboz

le pot de peinture

csavar

les vis

hangszerek
les instruments de musique

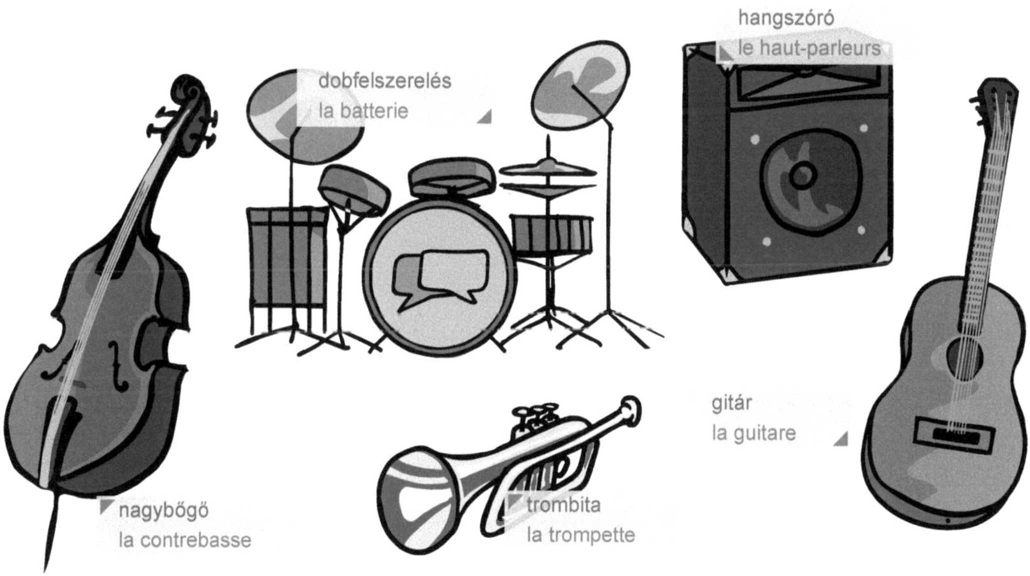

hangszóró
le haut-parleurs

dobfelszerelés
la batterie

gitár
la guitare

nagybőgő
la contrebasse

trombita
la trompette

zongora

le piano

hegedü

le violon

basszusgitár

la basse

üstdob

les timbales

dobok

le tambour

digitális zongora

le piano électrique

szaxofon

le saxophone

fuvola

la flûte

mikrofon

le microphone

állatkert
le zoo

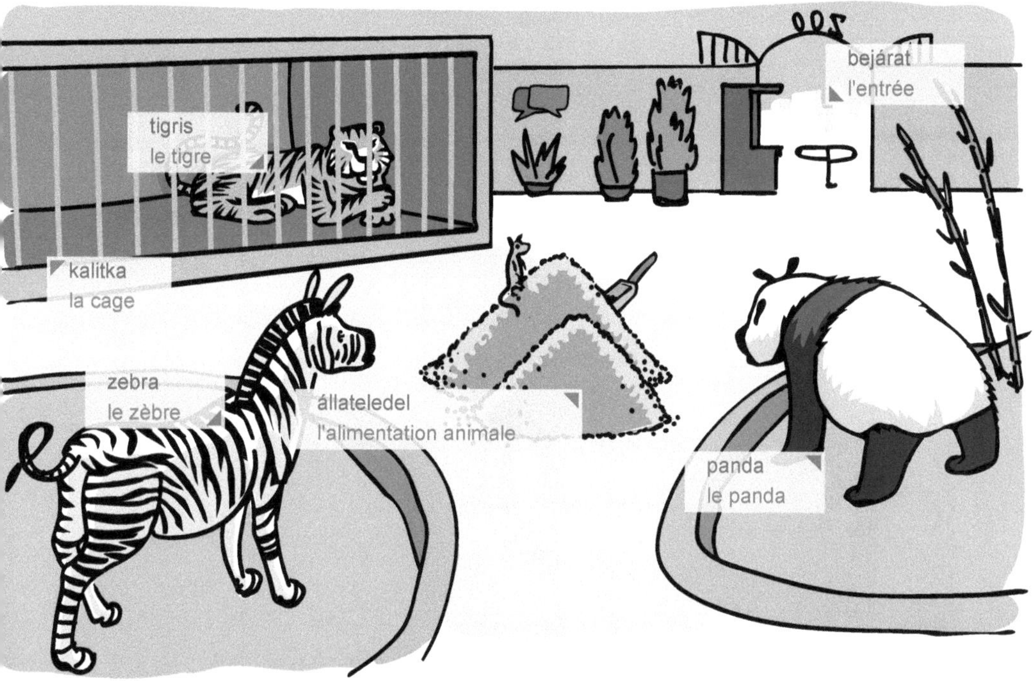

bejárat
l'entrée
tigris
le tigre
kalitka
la cage
zebra
le zèbre
állateledel
l'alimentation animale
panda
le panda

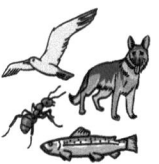

állatok

les animaux

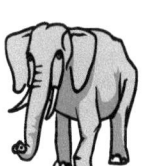

elefánt

l'éléphant

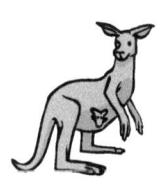

kenguru

le kangourou

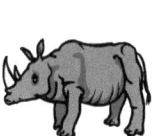

orrszarvú

le rhinocéros

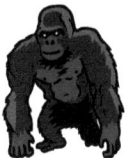

gorilla

le gorille

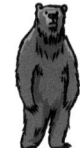

medve

l'ours

teve

le chameau

strucc

l'autruche

oroszlán

le lion

majom

le singe

flamingó

le flamand rose

papagáj

le perroquet

jegesmedve

l'ours polaire

pingvin

le pingouin

cápa

le requin

páva

le paon

kígyó

le serpent

krokodil

le crocodile

állatgondozó

le gardien de zoo

fóka

le phoque

jaguár

le jaguar

póniló

le poney

leopárd

le léopard

víziló

l'hippopotame

zsiráf

la girafe

sas

l'aigle

vaddisznó

le sanglier

hal

le poisson

teknős

la tortue

rozmár

le morse

róka

le renard

gazella

la gazelle

amerikai futball
l'american Football

kerékpározás
le cyclisme

tenisz
le tennis

kosárlabda
le basket-ball

úszás
la natation

boksz
la boxe

jégkorong
le hockey sur glace

futball
le football

tollas
le badminton

atlétika
l'athlétisme

kézilabda
le handball

síelés
le ski

lovaspóló
le polo

nevetni
rire

ugrani
sauter

ölelni
embrasser

sétálni
marcher

énekelni
chanter

álmodni
rêver

dicsérni
prier

csókolni
faire la bise

írni	rajzolni	mutatni
écrire	dessiner	montrer
tolni	adni	vinni
pousser	donner	prendre

birtokolni

avoir

csinálni

faire

lenni

être

állni

être debout

futni

courir

húzni

trier

hajít

jeter

esni

tomber

hazudni

être couché

várni

attendre

vinni

porter

ülni

être assis

felvenni

s'habiller

aludni

dormir

felébredni

se réveiller

ránézni

regarder

sírni

pleurer

simogat

caresser

fésülni

peigner

beszélni

parler

megérteni

comprendre

kérdezni

demander

hallgatni

écouter

inni

boire

enni

manger

takarítani

ranger

szeretni

aimer

főzni

cuire

vezetni

conduire

szállni

voler

vitorlázni

faire de la voile

számol

calculer

olvasni

lire

tanulni

apprendre

dolgozni

travailler

házasodni

se marier

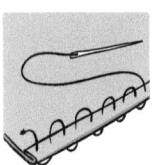

varrni

coudre

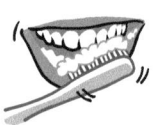

fogat mosni

brosser les dents

ölni

tuer

dohányozni

fumer

küldeni

envoyer

nagymama
la grand-mère

nagypapa
le grand-père

apa
le père

anya
la mère

kisbaba
le bébé

lány
la fille

fiú
le fils

vendég

l'hôte

nagynéni

la tante

nagybácsi

l'oncle

fiútestvér

le frère

lánytestvér

la sœur

test

le corps

homlok
le front
szem
l'œil
váll
l'épaule
ujj
le doigt
arc
le visage
áll
le menton
kéz
la main
láb
la jambe
mell
la poitrine
kar
le bras

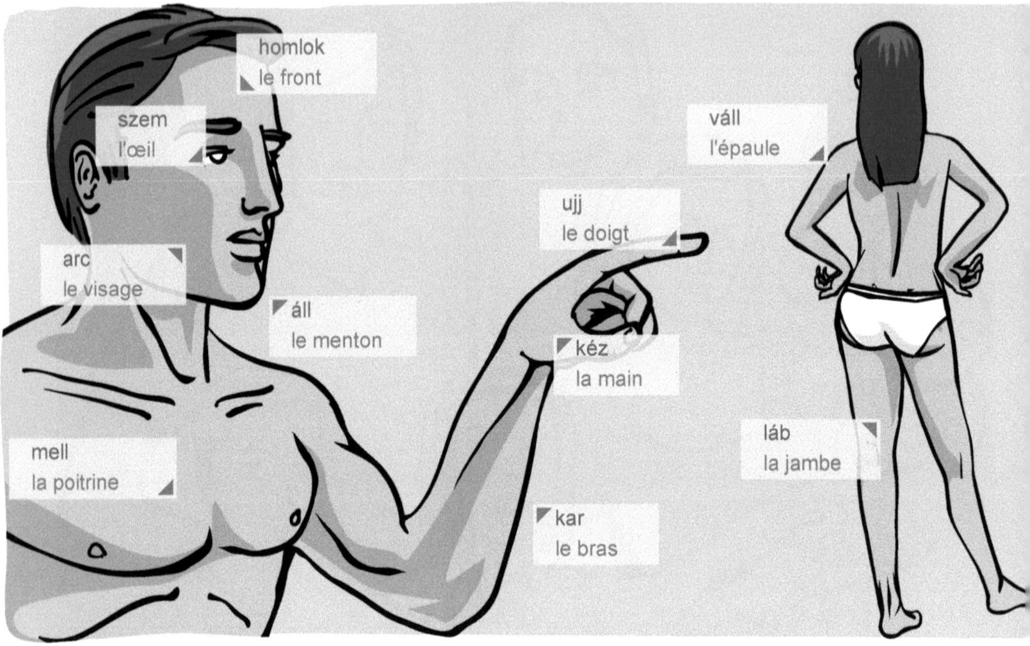

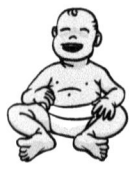

kisbaba

le bébé

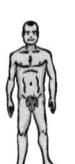

ember

l'homme

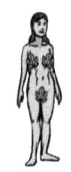

nő

la femme

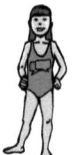

lány

la fille

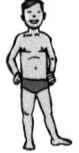

fiú

le garçon

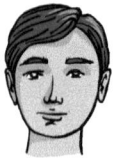

fej

la tête

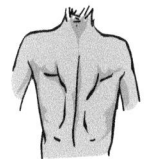

hát

le dos

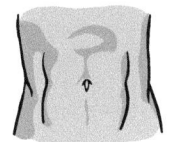

has

le ventre

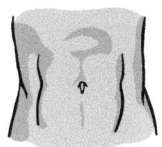

köldök

le nombril

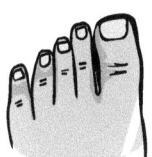

lábujj

l'orteil

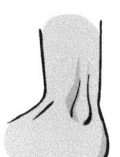

sarok

le talon

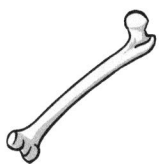

csont

l'os

csípő

la hanche

térd

le genou

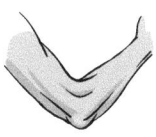

könyök

le coude

orr

le nez

fenék

les fesses

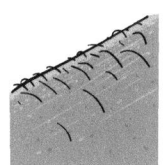

bőr

la peau

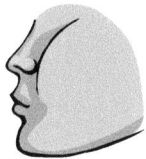

orca

la joue

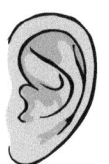

fül

l'oreille

ajak

la lèvre

száj

la bouche

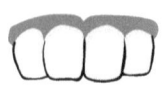

fog

la dent

nyelv

la langue

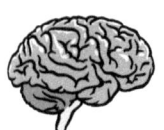

agy

le cerveau

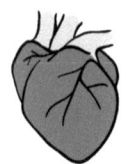

szív

le cœur

izom

le muscle

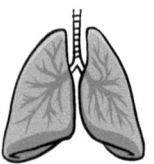

tüdő

les poumons

máj

le foie

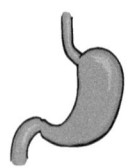

gyomor

l'estomac

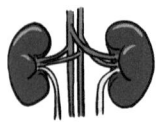

vese

les reins

szex

le rapport sexuel

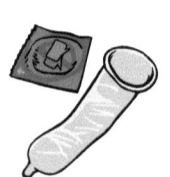

kondom

le préservatif

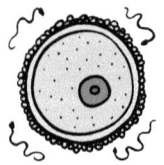

petesejt

l'ovule

sperma

le sperme

terhesség

la grossesse

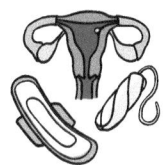

menstruáció

la menstruation

vagina

le vagin

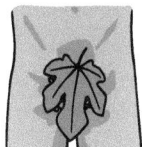

pénisz

le pénis

szemöldök

le sourcil

haj

les cheveux

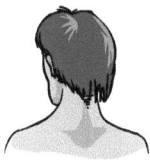

nyak

le cou

kórház
l'hôpital

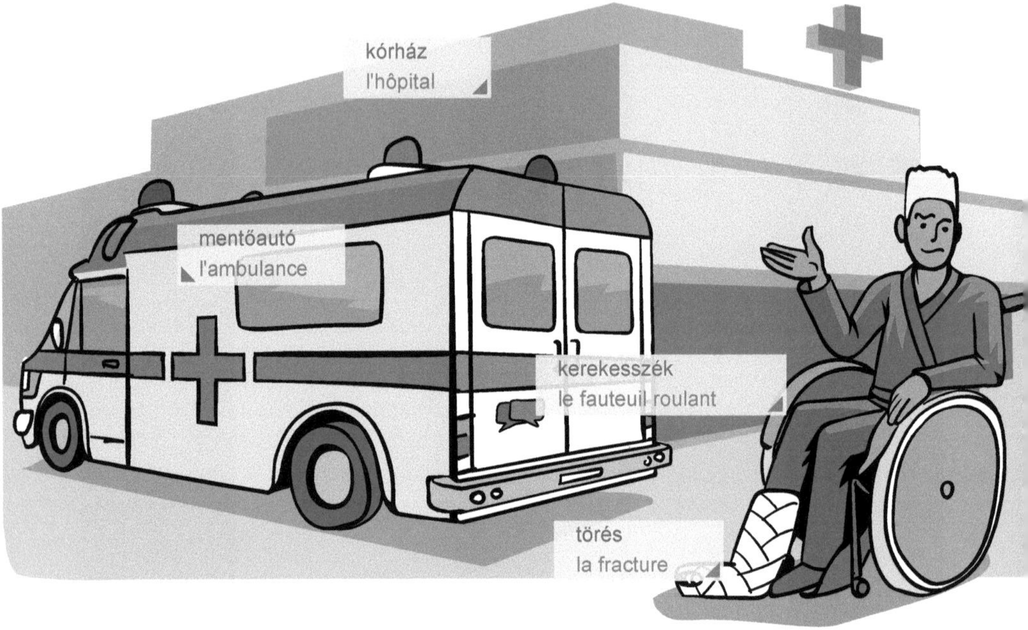

kórház
l'hôpital
mentőautó
l'ambulance
kerekesszék
le fauteuil roulant
törés
la fracture

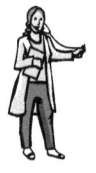

orvos

le médecin

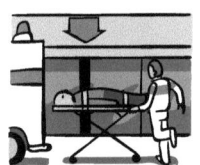

sürgősségi osztály

le service des urgences

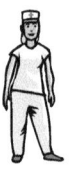

ápoló

l'infirmière

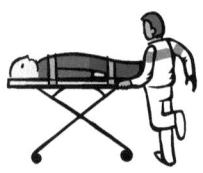

vészhelyzet

l'urgence

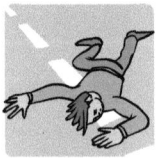

eszméletlen

inconscient

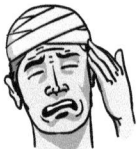

fájdalom

la douleur

sérülés

la blessure

vérzés

l'hémorragie

szívroham

la crise cardiaque

szélütés

l'attaque cérébrale

allergia

l'allergie

köhögés

la toux

láz

la fièvre

influenza

la grippe

hasmenés

la diarrhée

fejfájás

le mal de tête

rák

le cancer

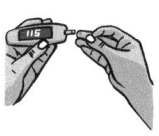

cukorbetegség

le diabète

sebész

le chirurgien

szike

le scalpel

műtét

l'opération

kórház - l'hôpital

CT

le CT

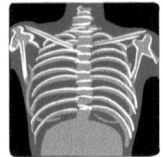

röntgen

la radiographie

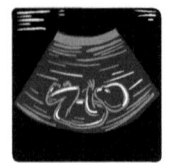

ultrahang

l'échographie

arcmaszk

le masque

betegség

la maladie

váróterem

la salle d'attente

mankó

la béquille

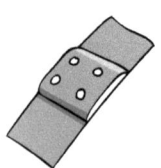

sebtapasz

le pansement

kötszer

le pansement

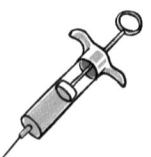

injekció

l'injection

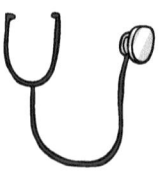

sztetoszkóp

le stéthoscope

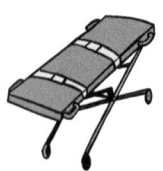

hordágy

le brancard

klinikai hőmérő

le thermomètre

születés

l'accouchement

túlsúly

la surcharge pondérale

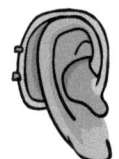

hallókészülék

l'appareil auditif

fertőtlenítőszer

le désinfectant

fertőzés

l'infection

vírus

le virus

HIV/AIDS

le VIH / le sida

orvosság

le médicament

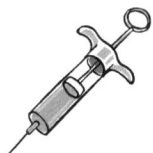

oltás

la vaccination

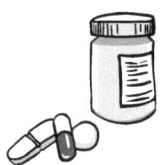

tabletták

les comprimés

tabletta

la pilule

sürgősségi hívás

l'appel d'urgence

vérnyomásmérő

le tensiomètre

betegség / egészség

malade / sain

Segítség!

Au secours !

riasztás

l'alarme

rajtaütés

l'assaut

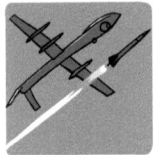

támadás

l'attaque

veszély

le danger

vészkijárat

la sortie de secours

tűz!

Au feu!

tűzoltókészülék

l'extincteur

baleset

l'accident

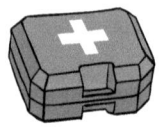

elsősegélycsomag

la trousse de premier
secours

SOS

SOS

rendőrség

la police

Európa

l'Europe

Észak-Amerika

l'Amérique du Nord

Dél-Amerika

l'Amérique du Sud

Afrika

l'Afrique

Ázsia

l'Asie

Ausztrália

l'Australie

Atlanti-óceán

l'Océan atlantique

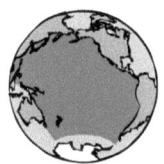

Csendes-óceán

l'Océan pacifique

Indiai-óceán

l'Océan indien

Déli-óceán

l'Océan antarctique

Jeges-tenger

l'Océan arctique

Északi-sark

le Pôle nord

Déli-sark

le Pôle sud

Antarktisz

l'Antarctique

föld

la terre

szárazföld

le pays

tenger

la mer

sziget

l'île

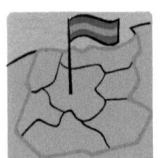

nemzet

la nation

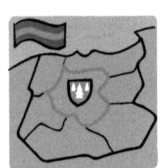

állam

l'état

számlap
le cadran

kismutató
l'aiguille des heures

nagymutató
l'aiguille des minutes

másodpercmutató
l'aiguille des secondes

Mennyi az idő?
Quelle heure est-il ?

nap
le jour

idő
le temps

most
maintenant

digitális óra
la montre digitale

perc
la minute

óra
l'heure

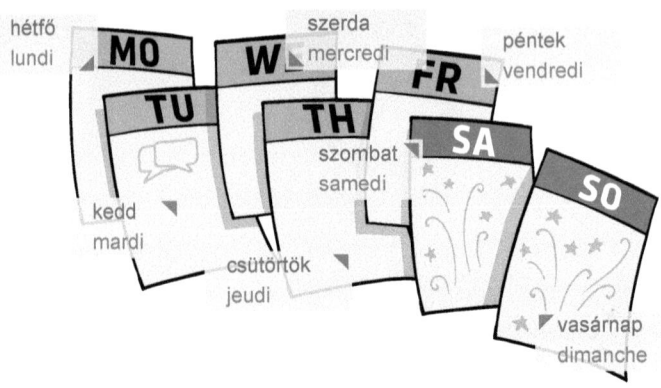

hétfő
lundi

szerda
mercredi

péntek
vendredi

kedd
mardi

szombat
samedi

csütörtök
jeudi

vasárnap
dimanche

tegnap

hier

ma

aujourd'hui

holnap

demain

reggel

le matin

dél

le midi

este

le soir

hétköznap

les jours ouvrables

hétvége

le week-end

év
l'année

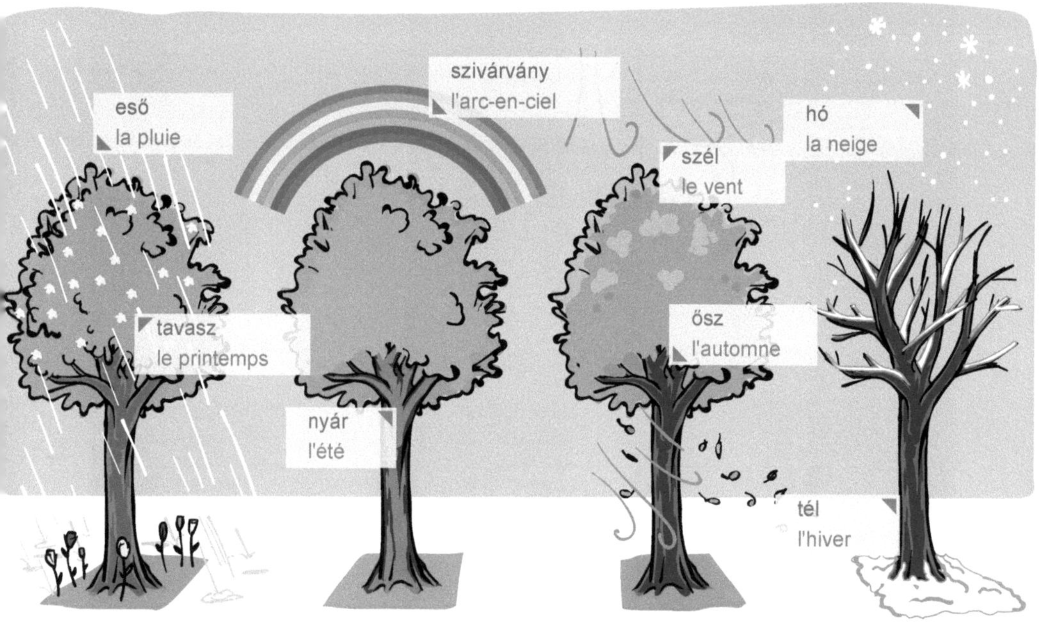

eső
la pluie
szivárvány
l'arc-en-ciel
hó
la neige
szél
le vent
tavasz
le printemps
ősz
l'automne
nyár
l'été
tél
l'hiver

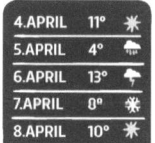

4.APRIL 11°
5.APRIL 4°
6.APRIL 13°
7.APRIL 8°
8.APRIL 10°

időjárás előrejelzés

la météo

F C
120 40
90 30
60 20
30 10
0 0
30 -10
-20

hőmérő

le thermomètre

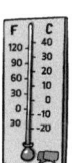

napsütés

la lumière du soleil

felhő

le nuage

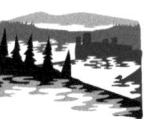

köd

le brouillard

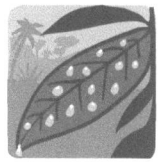

páratartalom

l'humidité

villámlás

la foudre

mennydörgés

la tonnerre

vihar

la tempête

jégeső

la grêle

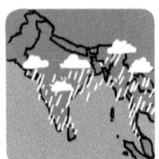

monszun

la mousson

áradás

l'inondation

jég

la glace

január

janvier

február

février

március

mars

április

avril

május

mai

június

juin

július

juillet

augusztus

août

szeptember
....
septembre

október
....
octobre

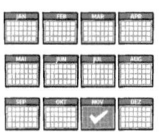

november
....
novembre

december
....
décembre

kör
....
le cercle

négyzet
....
le carré

téglalap
....
le rectangle

háromszög
....
le triangle

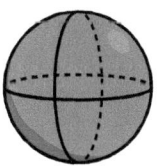

gömb
....
la sphère

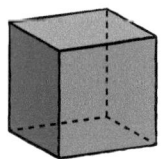

kocka
....
le cube

színek

les couleurs

fehér

blanc

sárga

jaune

narancs

orange

rózsaszín

rose

piros

rouge

lila

violet

kék

bleu

zöld

vert

barna

marron

szürke

gris

fekete

noir

sok / kevés

beaucoup / peu

mérges / nyugodt

fâché / calme

szép / csúnya

joli / laid

kezdet / vég

le début / la fin

nagy / kicsi

grand / petit

világos / sötét

clair / obscure

fivér / nővér

frère / soeur

tiszta / koszos

propre / sale

teljes / nem teljes

complet / incomplet

nappal / éjszaka

le jour / la nuit

halott / élő

mort / vivant

széles / keskeny

large / étroit

ehető / nem ehető

comestible / incomestible

gonosz / kedves

méchant / gentil

izgatott / unott

excité / ennuyé

kövér / vékony

gros / mince

első / utolsó

le premier / le dernier

barát / ellenség

l'ami / l'ennemi

teli / üres

plein / vide

kemény / puha

dur / souple

nehéz / könnyű

lourd / léger

éhség / szomjúság

faim / soif

betegség / egészség

malade / sain

illegális / legális

illégal / légal

intelligens / buta

intelligent / stupide

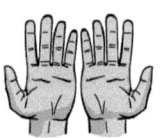

bal / jobb

gauche / droite

közel / távol

proche / loin

új / használt

nouveau / usé

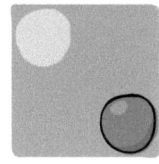

semmi / valami

rien / quelque chose

idős / fiatal

vieux / jeune

be / ki

marche / arrêt

nyitva / zárva

ouvert / fermé

csendes / hangos

faible / fort

gazdag / szegény

riche / pauvre

helyes / helytelen

correct / incorrect

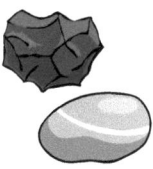

érdes / sima

rugueux / lisse

szomorú / vidám

triste / heureux

rövid / hosszú

court / long

lassú / gyors

lent / rapide

nedves / száraz

mouillé / sec

meleg / hideg

chaud / froid

háború / béke

la guerre / la paix

számok

les nombres

0

nulla

zéro

1

egy

un / une

2

kettő

deux

3

három

trois

4

négy

quatre

5

öt

cinq

6

hat

six

7

hét

sept

8

nyolc

huit

9

kilenc

neuf

10

tíz

dix

11

tizenegy

onze

12

tizenkettő

douze

13

tizenhárom

treize

14

tizennégy

quatorze

15

tizenöt

quinze

16

tizenhat

seize

17

tizenhét

dix-sept

18

tizennyolc

dix-huit

19

tizenkilenc

dix-neuf

20

húsz

vingt

100

száz

cent

1.000

ezer

mille

1.000.000

millió

le million

angol

l'anglais

amerikai angol

l'anglais américain

mandarin kínai

le chinois mandarin

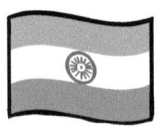

hindi

le hindi

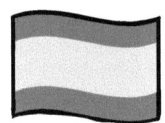

spanyol

l'espagnol

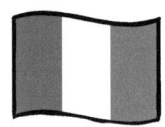

francia

le français

arab

l'arabe

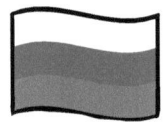

orosz

le russe

portugál

le portugais

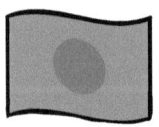

bengáli

le bengali

német

l'allemand

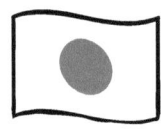

japán

le japonais

én
je

te
tu

ö
il / elle / ce, c', cela

mi
nous

ti
vous

ök
ils / elles

ki?
Qui ?

mi?
Quoi ?

hogyan?
Comment ?

hol?
Où ?

mikor?
Quand ?

név
le nom

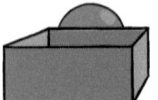

mögött

derrière

benne

dans

elötte

devant

felette

au-dessus

rajta

sur

alatta

en-dessous

mellett

à côté de

között

entre

hely

le lieu